AF500824

NOTICE HISTORIQUE

SUR LA

TERRE ET PAIRIE

D'AVESNES,

EN HAINAUT.

AVESNES,

IMPRIMERIE DE C. VIROUX, A AVESNES.

1849.

NOTICE HISTORIQUE

SUR LA TERRE ET PAIRIE D'AVESNES,

EN HAINAUT. (1)

La terre d'Avesnes formait une des plus anciennes et des principales seigneuries du Hainaut.

On en fait remonter l'origine au commencement du onzième siècle. Il paraît que, vers l'an 1020, le comte Rainier V voulant s'attacher Wédric-le-Sor, guerrier turbulent et redoutable, lui donna cette terre pour être tenue en fief de son comté de Hainaut.

On ne sait pas positivement quelles étaient alors les limites de cette terre. Il semble, d'après Bauduin d'Avesnes et Jacques de Guyse, qu'elle se trouvait resserrée entre les deux Helpes; mais pourtant tout porte à croire qu'elle s'étendait bien au-delà. Peut-être que ces chroniqueurs auront moins voulu déterminer l'étendue et le périmètre du fief que la position d'Avesnes, son chef-lieu. Quoiqu'il en soit, vers le milieu du XIIe siècle, la terre d'Avesnes comprenait, sauf les patrimoines des abbayes de Liessies à l'est, et de Maroilles à l'ouest, toute la partie méridionale du Hainaut, à la droite de la Sambre, jusques et compris la *Haie d'Avesnes* (2), et même elle s'avançait encore, sur quelques points, beaucoup plus au nord (3).

Après avoir été tenue par Wédric et ses descendants mâles près d'un siècle, la terre d'Avesnes, que la comtesse Richilde érigea en *pairie héréditaire* vers 1076, échut, par succession collatérale, à un seigneur de la maison d'Oisy, Gossuin surnommé *le Borgne*, qui en prit le nom d'*Avesnes*. Gautier Ier d'Oisy dit *Plukel* ou *le Beau*, en héritant de son oncle Gossuin, substitua aussi à son nom de famille celui d'*Avesnes*, qui passa à sa postérité. C'était un seigneur puissant et très-riche : il possédait les seigneuries d'Avesnes, de Condé, de Leuze, de Lessines et tout le Burbant, avec l'avouerie de Tournai. Nicolas, son fils aîné, lui succéda en 1147 dans ses vastes domaines, qu'il s'attacha à mettre en état de défense. Il fit bâtir les châteaux de Condé, de Landrecies, d'Anor, de Trélon, de Sassogne, etc., et fortifia beaucoup d'autres lieux moins importants. Nicolas donna des chartes ou lois de paix aux habitants d'Anor, de Prisches, de Landrecies, d'Étrœungt, etc. Il eut pour fils et successeur le célèbre Jacques d'Avesnes, l'un des plus grands capitaines de son temps. Ce héros, qui s'immortalisa dans la troisième croisade, mourut glorieusement à la journée d'Arsur en 1191, laissant d'Améline, fille et unique héritière du seigneur de Guise et de Lesquielles, plusieurs fils, dont le second, Bouchard d'Avesnes, devint, par son mariage avec Marguerite de Flandre ou de Constantinople, la souche des comtes de Hainaut de la maison d'Avesnes. Gautier II, l'aîné des fils de Jacques, recueillit presque tous les biens de son père et de sa mère, et fut seigneur d'Avesnes, de Guise, de Condé, de Leuze, etc. En février 1200, il octroya une charte aux habitants d'Avesnes. Il était en 1218 en Palestine, où il commandait un corps de flamands et d'hennuyers. Ce fut lui qui posa la première pierre du camp ou château des pèlerins, près du Mont-Carmel. En 1248, il entreprit un nouveau voyage d'outremer, et mourut l'année suivante devant Damiette. Il avait épousé Marguerite, héritière des comtés de Blois, de Chartres et de Dunois, dont il n'eut qu'une fille, Marie d'Avesnes, morte avant lui, laissant sept enfants d'Hugues de Châtillon, comte de St.-Pol. L'aîné, Jean, obtint presque tous les biens maternels, qui passèrent en 1279 à sa fille unique, Jeanne de Châtillon. Celle-ci, mariée dès 1272 à Pierre de France, comte d'Alençon, 5e fils de Saint-Louis, étant restée veuve en 1284, sans postérité, céda en 1289 à son cousin-germain, Hugues de Châtillon, moyennant une rente annuelle de 9,000 livres, les terres d'Avesnes, de Landrecies, de Guise, du Nouvion, d'Eacre et de Crécy. Dès-lors, retirée du monde, elle se livra uniquement à des œuvres de piété et de charité ; elle termina ses jours en 1292 (n. style). Hugues, qui était arrière-petit-fils de Marie d'Avesnes, étant mort dans les premières années du 14e siècle, Guy, son fils, lui succéda. A la mort de ce dernier, vers 1342, ses biens furent partagés entre ses deux fils. Charles dit *de Blois*, le cadet, eut la terre de Guise, et Louis, l'aîné, obtint les comtés de Blois et de Dunois, avec les seigneuries d'Avesnes, de Landrecies, du Nouvion, etc., qui passèrent successivement à ses fils, Louis II, Jean II et Guy II, morts tous trois sans génération. Les terres d'Avesnes, de Landrecies et du Nouvion échurent alors à la branche cadette, représentée par Jean Ier de Châtillon, dit de Brétagne, qui en était le chef comme fils aîné de Charles surnommé *de Blois*. Olivier, Jean II et Guillaume de Brétagne, tous trois fils de Jean Ier, les possédèrent tour-à-tour. Françoise de Brétagne, fille de Guillaume, les porta dans la maison d'Albret en 1470 par son mariage avec Alain d'Albret dit *le Grand*. Gabriel et, après lui, Louise d'Albret, l'un et l'autre enfants d'Alain, les tinrent ensuite. Louise épousa en 1495 Charles de Croy, 1er prince de Chimay, dont elle eut, entr'autres enfants, Anne de Croy, mariée en 1520 à son cousin, Philippe II de Croy, 1er duc d'Arschot, mort doyen des chevaliers de la Toison-d'Or en 1549, après avoir été gouverneur et grand-bailli du Hainaut. Ils eurent plusieurs enfants, dont Charles, duc d'Arschot, prince de Chimay et seigneur d'Avesnes, mort sans postérité en 1551, et Philippe III, sire de Croy, qui hérita des terres de son frère Charles. Philippe mourut en 1595 ne laissant qu'un fils et deux filles : Charles, Anne et Marguerite de Croy. Charles fut duc de Croy et d'Arschot, prince de Chimay, seigneur d'Avesnes, d'Etrœungt, etc. A défaut de postérité, il institua pour héritier des terres d'Avesnes, de Chimay et autres, Alexandre de Ligne, prince d'Arenberg, l'un des fils de sa sœur Anne, tué en 1629 lors de la surprise de Wesel. Albert et Philippe, ses deux fils, possédèrent, l'un après l'autre, ces terres, qui arrivèrent en 1675 à Ernest-Dominique, prince d'Arenberg. Celui-ci était fils de Philippe et mourut vice-roi de Navarre en 1686, sans laisser d'héritier direct. En lui finit sa branche, dont tous les biens passèrent à Philippe-Antoine de Hennin-Liétard dit *d'Alsace*, comte de Boussu, son cousin-germain, qui n'accepta toutefois la succession que sous bénéfice d'inventaire. A la mort du comte de Boussu, en 1688, les terres d'Avesnes, de Chimay, de Beaumont, d'Étrœungt, etc., échurent à son fils aîné, Charles-Louis-Antoine de Hennin-d'Alsace, qui les possédait encore quand, par un arrêt du parlement de Paris du 31 juillet 1706, elles furent adjugées, pour dettes, au duc d'Orléans, Philippe II, de qui elles passèrent, de père en fils, jusqu'à Louis-Philippe-Joseph, duc d'Orléans, mort victime de la révolution française.

Durant cette longue période qui n'embrasse guère moins de 800 ans, et surtout pendant les 12e et 13e siècles, la terre d'Avesnes a subi de nombreux et notables amoindrissements. Quelques lieux favorisés où l'on avait élevé des châteaux ou des maisons fortes, ayant, à la longue, pris de l'extension, devinrent, les uns après les autres, le noyau de fiefs subalternes que les seigneurs d'Avesnes érigèrent, selon les besoins et toujours au détriment du fief principal, soit pour doter ou avantager de leurs parents, soit pour récompenser de vieux officiers ou des serviteurs fidèles et dévoués. C'est ainsi que furent détachées plusieurs terres dont les principales sont :

1° Celle d'*Eclaibes* (4), que Guy, fils puîné de Wédric-le-Sor, obtint en partage à la mort de son père (5). On regarde ce Guy, qui posséda aussi Chièvres, le Sart, etc., comme la souche des seigneurs d'Eclaibes, dont toutefois la descendance n'est bien suivie qu'à partir de la fin du XIIe siècle. Parmi ces seigneurs, plusieurs se signalèrent par leurs exploits ; quelques-uns aussi occupèrent de hautes charges : Raoul III mourut grand-veneur de France vers l'an 1290 (6) ; Gérard III fut grand-bailli de Hainaut en 1364 (7) ; Jean III était chevalier de l'ordre de St.-Jean de Jérusalem en 1549, époque vers laquelle il fit reconstruire le château d'Eclaibes (8), tel qu'on le voyait encore dans le 18e siècle. En lui s'éteignit la branche aînée de sa maison. Il laissa néanmoins des enfants naturels dont l'un, Charles, bâtard d'Eclaibes, hérita de tous ses biens par donation (9), mais ce dernier étant mort *intestat* et sans postérité en 1594, Philippe III de Croy, seigneur suzerain, revendiqua, comme lui étant dévolue par droit de bâtardise, la terre d'Eclaibes (10) qui, après, fut incorporée au comté de Beaumont, duquel elle fut plus tard démembrée, à charge d'en relever (11). En 1789, elle appartenait au duc d'Orléans, dont les ancêtres l'avaient possédée à partir de 1706;

2° Celle du *Sart-de-Dourlers*, comprenant les villages de Dourlers, St.-Aubin, Floursies et Semousies (12), et qui, au 13e siècle, était déjà de la mouvance d'Avesnes (13). Elle faisait partie de la succession de Bouchard d'Avesnes, et échut à Bauduin, son fils, dans le partage de 1254 (14). C'est de cette époque qu'elle releva directement du comté de Hainaut. Tenue plus tard par les familles de Rollin, de Lestang, de Préseau, d'Eclaibes, de Croonendale (15), elle fut vendue, sur la fin du 17e siècle ou au commencement du 18e, à Pierre Bady, ancien entrepreneur des fortifications de Maubeuge (16). Ce fut lui qui fit bâtir le château actuel de Dourlers (17). Ses descendants ont possédé cette seigneurie qui, en 1781, fut érigée en comté, sous le titre de *comté de Normont* (18). Bertrand Bady, chef et dernier rejeton de la branche aînée, est mort en 1845, après avoir légué ses grands biens, notamment les domaines de l'ancienne terre de Dourlers, à M. le marquis de Nédonchel, son parent (19);

3° Celle de *Beaurepaire* (20) que Nicolas, seigneur d'Avesnes, donna, dans la 2e moitié du XIIe siècle, à sa fille Ide d'Avesnes, à l'occasion du mariage qu'elle contracta avec Guillaume III, châtelain de St.-Omer et comte de Fauquenbergue. Cette seigneurie passa successivement de la maison de St.-Omer dans celles d'Halluin, d'Ongnies, de Lannoy, et, lors de la révolution française, elle était en la possession du sieur Malet, qui l'avait acquise quelques années auparavant. Elle avait été érigée en *comté* en faveur de Maximilien d'Ongnies, par lettres de Philippe IV, roi d'Espagne, datées de 1622;

4° Celle de *Beaurieux* (21), qui paraît avoir été transmise à Guillaume III, châtelain de St.-Omer, de la même manière que la terre de Beaurepaire, et qui resta aux comtes de Fauquenbergue jusque dans le 15e siècle (22). Par l'intermédiaire de Jeanne de Beaumont, dame de Fauquenbergue, elle passa dans la famille de Bousies-Vertaing (23). Jean de Hun en hérita à la fin du siècle, et son fils, du même nom, en rendit hommage en 1502 (24). En 1620, elle appartenait à Jean de Robaulx, écuyer, gouverneur de Beaumont (25). Le château de Beaurieux, reconstruit en 1668 par l'un de ses descendants, Albert de Robaulx (26), est encore aujourd'hui en la possession d'un membre de cette famille. Il y avait, du reste, deux seigneuries à Beaurieux, l'une relevant d'Avesnes, et l'autre de Chimay (27).

5° Celle de *Landrecies* (28) que tenait, dans les dernières années du 12e siècle, Jacques d'Avesnes, fils du célèbre héros de ce nom, et comme lui mort dans la guerre sainte. Réincorporée peu de temps après au fief dominant, elle continua à en faire partie jusqu'en 1545, époque où elle fut définitivement éclissée (29), comme il sera dit ci-après;

6° Celle d'*Etrœungt*, assignée dès 1212 (30) et dont la possession fut confirmée en 1238 (31), par Gautier II, seigneur d'Avesnes, à Bouchard, son frère, de qui elle passa aux comtes de Hainaut et à leur famille. En 1385, Marguerite de Bavière porta à son mari, Jean-sans-Peur, duc de Bourgogne, cette terre qui fut cédée, dans le siècle suivant, à un membre de la maison de Croy (32). Bientôt elle retourna au seigneur d'Avesnes (33), mais, selon un principe consacré par les chartes du Hainaut (34), au lieu d'être rattachée au fief dominant, elle continua à former une seigneurie distincte (35), qui prit le titre de *baronnie* (36), et elle releva directement du comté de Hainaut. Cette baronnie, composée des villages d'Etrœungt, de Férou et de Larouillies, a longtemps joui d'importantes immunités;

7° Celle de *Rinsart*, *Rainsart* ou *Heruinsart* (37) qui, dès avant le 15e siècle, avait aussi ses seigneurs particuliers. Après avoir appartenu à la famille de Maurage, elle passa tour-à-tour dans celles de Martigny, de Lamarck, de Renty, de Préseau, de Bande et de Bady (38);

8° Celle de *Trélon* (39), donnée par Jean II de Châtillon, seigneur d'Avesnes, à son fils naturel Jean dit le *bâtard de Blois*, 4e aïeul de Louise de Blois, qui la porta par mariage à Louis, baron de Mérode (40). Depuis, elle ne sortit pas de cette maison. La terre de Trélon qui, dès l'an 1473, était déjà éclissée de la pairie d'Avesnes et inféodée à celle de Chimay (41), fut érigée en *marquisat* en faveur de Philippe-Hermand de Mérode, par lettres de Philippe IV, datées de 1626 (42);

9° Celle de *Floyon* (43), que la famille de Berlaimont avait déjà au commencement du 14e siècle (44) et qu'elle conserva jusque dans le 17e (45). En 1681, Jean-Baptiste de Préseau, grand-bailli de la pairie d'Avesnes, la possédait par suite d'acquisition, et elle resta à sa postérité jusqu'en 1785 (46). Alors Jacques-Marguerite de Préseau, seigneur de Dompierre et d'Hugemont, l'acquit à son tour, moyennant 600,000 livres (47);

10° Celle d'*Hugemont* (48), tenue en 1283 par un Jacquemont de *Hugemont*, et, vers le milieu du 15e siècle par Tristan de Maille dit de Montigny, passa ensuite aux comtes de Berlaimont. Vendue à Jean d'Anneux, gouverneur et prévôt de la ville d'Avesnes en 1602, elle échut à son fils Philippe, qui lui succéda aussi dans le gouvernement d'Avesnes. La fille aînée de Philippe hérita de ce fief que, conjointement avec son mari, Jacques, comte de Groesbecq, elle vendit, en 1675, pour le prix de 12,000 florins, à Nicolas de Préseau, écuyer, auteur des branches des seigneurs d'Ecuelin et d'Hugemont. Son arrière petit-fils Louis-François-Marguerite de Préseau, député, en qui s'éteignit cette dernière branche, en 1842, possédait encore ce domaine patrimonial que sa petite-fille, Mme de Colnet, vient de recueillir dans la succession de son aïeul (49).

Ces inféodations dont, au surplus, plusieurs sont devenues, par la suite, de véritables démembrements, ne formaient qu'une partie de la mouvance de la terre d'Avesnes, car, déjà dans le 15e siècle, cette mouvance embrassait plus de cent fiefs et arrière-fiefs (50) ; et il est à remarquer que si, dans ce nombre, il y en avait de peu d'étendue et d'une mince valeur, en revanche, comme on vient de le voir, il s'en trouvait qui avaient une grande importance.

Nonobstant tant et de si nombreuses concessions faites jusque-là à différents titres, cette seigneurie qui, parmi les pairies du Hainaut, était l'une des principales et même celle qui occupait le premier rang en dignité (51), comprenait encore en 1473, du temps d'Alain d'Albret, les « chas-
» teaux, villes, terres, justice e seignouries d'Avesnes, de
» Landrechies, de Sasoingne, de Priches et pluisieurs
» aultres villaiges y appendans;... toute la haye d'Avesnes, de
» Quartignies et aultres plusieurs bois et hayes; ... pluisieurs

» et grant plentet de cens et rentes d'argent, d'avoine e de » cappons, de pouilles, d'oisons et aultres parties ;... plui- » sieurs et grant plentet de terres ahannables, prez et » pasturages ;... pluisieurs moulins e tordoirs ; » et, outre un grand nombre de fiefs tenus de la dite terre, divers droits seigneuriaux tels que : « tounieux, malletottes et » afforaiges ; ... hailliages,... poix es rewardage de pour- » ceaux ; rivières,... pesqueries,... corvéez,.. succession de » sers, d'aubains e de bastars ;... mortemains,... viviers,... » cacheries,... wisnages,... disme,... teraiges et... congiez » de mariages ;... services d'éritaiges ;... haulte justice, » moyenne e basse sur toute la dite terre, et... cognois- » sance de francq vérité, avec tel franchise que nulz sergans » du prince ne aultres, ne peut ne doit esploitier enla dite » terre se ce n'est par obligaion pour criesme, pour fourjurs, » ou par enseignement de la court de Mons (52). »

Mais, à quelque temps de là, la terre d'Avesnes devait de nouveau subir de notables amoindrissements : Avesnes et Landrecies allaient en être détachés pour être réunis au domaine du Hainaut. Il va être donné, sur ces deux villes, quelques détails historiques jusqu'au moment de leur cession au roi d'Espagne.

Du temps de Wédric-le-Sor, Avesnes n'était vraisemblablement qu'une petite bourgade composée de quelques chaumières groupées autour d'une chapelle rustique, sur la cime d'un roc environné de bois et de marais, et dont le pied était baigné par les eaux de la rivière (53). Wédric-le-Barbu éleva, en cet endroit escarpé, une petite tour qui fut l'origine du château seigneurial. Son fils Thierri en augmenta les bâtiments et y établit sa résidence. Il fit aussi construire, dans le voisinage, une belle église, avec un chapitre et un dortoir ; cette église devint bientôt le siége d'un décanat (54). Gossuin, neveu de Thierri, fit clore de murailles la ville, qui embrassait déjà une assez grande étendue. Elle prospéra principalement sous les derniers seigneurs de la maison d'Avesnes. Riches et puissants, ils stimulaient le commerce et l'industrie par le luxe et l'éclat qu'ils étalaient, et répandaient ainsi l'abondance où ils se trouvaient. Mais cette prospérité, toute de circonstance, puisqu'elle tenait en quelque sorte à la présence des maîtres dans la ville, ne se maintint pas après la mort de Gautier II. Ses grands biens étant passés dans la maison de Châtillon, à laquelle s'était alliée Marie, sa fille unique, les nouveaux seigneurs d'Avesnes restèrent de longues années presqu'étrangers au pays, qu'ils ne visitèrent que très-rarement ; et la ville, particulièrement, en éprouva un grand préjudice. D'un autre côté, elle eut maintes fois à essuyer les rigueurs de la guerre. Louis XI l'ayant prise d'assaut en juin 1477, l'anéantit presqu'entièrement. Il y eut peu d'habitants qui purent se soustraire à la mort, et huit maisons seulement, outre l'hôpital et le couvent des cordeliers, échappèrent aux flammes. Les fortifications, que Olivier de Brétagne avait fait restaurer à partir de 1428, furent aussi détruites : on démolit les tours, on abattit les murailles et on combla les fossés. Restée déserte pendant cinq ans, la ville commençait à se relever de ses ruines, quand elle fut prise de rechef par les Français, qui, après l'avoir saccagée, y mirent encore le feu. Dans les vues d'en hâter le repeuplement, Gabriel d'Albret, seigneur du lieu, s'occupa, dès 1493, de la réparation des ouvrages de la place, et Maximilien, roi des Romains, comme tuteur de l'archiduc Philippe, son propre fils, y autorisa, par lettres du mois de mars 1494, la tenue d'une franche foire de deux jours, commençant le mercredi d'après la quasimodo de chaque année. Avesnes était à peine reconstruit, qu'un affreux incendie vint de nouveau le réduire en cendres. L'église, récemment rétablie, fut encore la proie des flammes ; il n'en resta debout que les maçonneries de la tour et celles du chœur, lequel avait résisté aux désastres précédents. Cet événement fortuit arriva en 1514, la veille ou le jour de St. Jean-Baptiste. Louise d'Albret aida beaucoup à la réédification de l'église, qu'elle fit ériger en collégiale, en fondant, en 1534, un chapitre de chanoines qu'elle dota de treize prébendes. Cette dame, que l'on doit aussi regarder comme la fondatrice du couvent des récollectines d'Avesnes, releva et dota en outre la maison des béguines. A sa sollicitation, l'administration municipale d'Avesnes consentit, en 1533, ainsi que l'avaient déjà fait les autres communautés de la seigneurie, à ce qu'il fut établi, pendant six ans, un impôt sur le vin et la *cerroise* (bière), pour le produit être appliqué à l'augmentation et à la restauration des remparts et fortifications de la ville. On assure que les travaux coûtèrent 175,847 livres 14 sous (somme énorme pour ce temps-là), indépendamment des innombrables corvées que les vassaux fournirent, et d'une quantité prodigieuse de bois de toute espèce qui furent tirés des forêts seigneuriales. Après la mort de Louise d'Albret, en 1535, son mari, Philippe II de Croy, duc d'Arschot, qui, dès 1533, était déjà intervenu dans la dépense pour 8,000 florins carolus, ne poussa pas moins avec la plus grande activité les travaux, qui étaient en cours d'exécution en 1538 et qui furent achevés quelques années plus tard. Ainsi fortifiée, la ville pouvait, au besoin, opposer une certaine résistance. Il paraît même que le maréchal d'Annebaut n'osa l'attaquer en 1543, parce que St.-Remy, commissaire de l'armée française, avait dit qu'elle « n'estoit forçable. » (55) Le gouvernement de la place était ordinairement confié au grand-bailli de la seigneurie.

Landrecies n'était anciennement qu'un pauvre village, dont la plus grande partie des maisons était assise au pied de la hauteur des Etoquis, hameau qui se trouve sur la rive gauche de la Sambre; mais la construction, par Nicolas d'Avesnes, vers le milieu du XIIe siècle, d'un château-fort sur la rive opposée, amena incessamment le déplacement de la population. C'est à cette forteresse, qui occupait, dans la ville actuelle, le terrain compris entre l'ancien gouvernement et la maison du refuge, voisine de l'hôtel-de-ville, que Landrecies doit principalement son accroissement. Comme la plupart des autres possessions de Jacques d'Avesnes, cette ville fut réduite en cendres par Bauduin V, comte de Hainaut, en 1185. Prise en 1477 par les Français, qui y mirent le feu en se retirant, elle fut encore brûlée et rasée par le duc de Vendôme en 1521. Avant de l'abandonner à François Ier, en 1543, les habitants l'incendièrent de nouveau; l'église seule fut préservée du désastre (57). Néanmoins ce monarque, décidé à se maintenir dans cette place, la fit fortifier d'un retranchement et de trois forts boulevards, « et pour servir de quatriesme boullevert, y » avoit un vieil chasteau en forme de roquette, qu'il feit » remplir de terre pour en faire une plateforme servant de » flanc aux dits boullevrts (58). » Ce ne fut qu'en 1544 que la ville fut restituée au duc d'Arschot, en vertu du traité de paix de Crespy.

Les dernières guerres avaient démontré à Charles-Quint toute l'importance, pour la défense des Pays-Bas, des villes d'Avesnes et de Landrecies, qui en étaient comme les clefs. Comprenant, d'ailleurs, le danger qu'il y avait de les laisser entre les mains et à la disposition d'un seigneur puissant, qui, le cas échéant, pouvait facilement les livrer à l'ennemi, ce monarque résolut de les acquérir à tout prix. Philippe II de Croy, 1er duc d'Arschot, et Charles, son fils aîné et son héritier présomptif, lui cédèrent sans difficulté Landrecies et ses dépendances, en échange de la seigneurie de Blaton ; ce qui fut ratifié par un contrat du 1er décembre 1545 (59) ; mais il ne put les amener à lui abandonner Avesnes, qui était le chef-lieu de la pairie. Plus tard pourtant, Philippe III de Croy, poussé par le roi d'Espagne, Philippe II, consentit à ce que son père avait refusé, et par acte daté de Bruxelles le 22 juin 1556 (60), il fit à son souverain, moyennant une rente annuelle et perpétuelle de 8125 livres, au capital de 130,000 livres, outre une pension viagère de 1,000 livres, les « transport et cession de la ville, » chastel et banlieue d'Avesnes jusqu'à un quart de lieue » à l'entour des fossés de la dite ville, avec toutes jurisdic- » tions, justice haute, moyenne et basse, et autres quelcon- » ques ; ensemble les fortifications, artillerie, munitions de » guerre, et ce qui en dépendait ; » mais sous la réserve, toutefois, en faveur de lui, cédant : 1° de la dignité et du titre de *pairie* pour le résidu de la seigneurie qui, dès-lors, reçut la dénomination de *terre et pairie d'Avesnes* ; 2° des revenus seigneuriaux ordinaires de la ville « avec la colla- » tion des prébendes et provision des beghines illecq ; » 2° du droit d'attraire devant sa justice « les bourgeois, » manans et habitans de ladite ville et banlieue » pour dettes envers lui « à raison de ses fermes, censes et louages, » de ses bois et marchandises par eux acheptez, et générale- » ment des autres membres de son domaine ; » sans que les débiteurs pussent, « pour les cas susdits, user d'aucunes » exceptions déclinatoires, pourvu et à condition qu'il tînt » sa justice en ladite ville et non autrement ; » 3° enfin, l'exemption de la juridiction royale en faveur de « ses

» bailly, prévost, receveurs, greffiers et sergents » pour toutes actions personnelles, à moins que ce ne fut « pour choses » contractées ou délits perpétrés en ladite ville et banlieue, » et pour causes concernant la police et préservation » d'icelle. »

Jusque-là, les officiers du seigneur d'Avesnes avaient rendu la justice pour la ville comme pour les autres lieux du ressort. Ces officiers, dont les principaux étaient le bailli supérieur, le bailli des bois et le prévôt, exerçaient plusieurs juridictions, dont le siége était à Avesnes, savoir :

1° Le bailli supérieur, qui prit plus tard le titre de grand-bailli (61), avait, avec la haute administration de la seigneurie, la présidence de la cour féodale dont il était le chef, et, à ce titre, il était chargé « des reliefs, vestures et » advestures des fiefs mouvant de la pairie. » (62) C'était toujours un homme d'épée, ayant une autorité d'autant plus étendue, que, avec ses fonctions civiles et judiciaires, il cumulait les attributions d'un commandant militaire : non seulement il avait le commandement de la place d'Avesnes (63), mais il devait encore conduire à la guerre la milice de son baillage (64) ;

2° Le bailli des bois était institué pour la juridiction des eaux et forêts de la terre d'Avesnes (65). Sa charge fut supprimée en 1583 ;

3° Le prévôt statuait sur les cas de haute justice, et concourait, avec le magistrat (corps des jurés ou échevins), à l'exercice de la moyenne et de la basse justice.

Mais, par suite de la cession d'Avesnes à Philippe II en 1556, cet ordre de choses fut modifié. Le gouverneur de la place fut chargé, comme prévôt du Roi, de l'administration de la justice pour la ville, et la justice de la pairie, considérablement restreinte, perdit encore plus en prépondérance qu'en attributions.

Tant que Avesnes resta sous la domination espagnole, c'est-à-dire jusqu'à la paix des Pyrénées en 1659, les appels des jugements de la justice de la pairie, pour les matières qui en étaient susceptibles, eurent lieu directement à la cour souveraine de Mons ; mais à partir de la création, par Louis XIV, en novembre 1661, d'un bailliage royal à Avesnes, ils furent portés devant ce nouveau tribunal.

auquel fut même dévolue la connaissance des cas de prévention de toutes les causes des sujets dépendant de ladite seigneurie (68) ; ce qui suscita, dans la suite, entre les juges royaux et les juges de la pairie, de graves difficultés qui, parfois, durent préjudicier aux justiciables.

Dans le 18e siècle, le corps de judicature de la terre et pairie d'Avesnes comprenait, avec les officiers qui y étaient attachés :

Un grand-bailli et prévôt,
Un lieutenant-bailli et lieutenant-prévôt,
Un procureur fiscal et domanial,
Un receveur général,
Un greffier civil et criminel,
Un greffier des eaux-et-forêts,
Un capitaine-général forestier,
Un garde-général (69).

La terre d'Avesnes a peu profité aux seigneurs des maisons d'Albret, de Croy, de Ligne-Arenberg et de Hennin-d'Alsace, qui l'ont possédée depuis 1470 jusqu'en 1706. Ils ne purent effectivement jouir qu'à de courts intervalles des fruits et revenus de cette terre, qui fut maintes fois confisquée par droit de conquête, et, pendant de longues années, tenue en saisie pour dettes et affermée par baux judiciaires. C'est que les guerres désastreuses qui survinrent presque sans interruption durant cette longue période, en entraînant ces seigneurs dans des dépenses excessives, les jetèrent souvent dans de grands embarras financiers, qu'augmentèrent encore prodigieusement une foule de procès intentés par leurs créanciers. Entr'autres, un de ces procès, ruineux s'il en fut jamais, et que l'on mentionne particulièrement ici, parce qu'il intéressait la terre d'Avesnes, occupa plusieurs générations et fit beaucoup de bruit. Il avait pris sa source dans un legs fait en 1521 par Guillaume de Croy, seigneur de Chièvres, en faveur de deux de ses neveux : Philippe II de Croy, duc d'Arschot, et Charles Ier de Croy, comte de Portien, et dans lequel ce dernier n'avait jamais pu obtenir sa part. Entamé vers le milieu du 16e siècle, ce procès ne fut terminé que 160 ans plus tard, après avoir été porté de tribunaux en tribunaux, où les difficultés s'étaient accrues progressivement. Ce fut un arrêt du parlement de Paris du 31 juillet 1706 (70) qui y mit fin, en adjugeant en propriété et pour le prix d'estimation à Philippe II, duc d'Orléans, comme premier et plus ancien créancier privilégié, les terres de Chimay, d'Avesnes, de Beaumont, d'Etrœungt, d'Eclaibes, de Sanzelles, de Comines et d'Halluin, pour venir en déduction des créances, liquidées en capital et intérêts à 3,717,719 livres 19 sous, que le duc, comme représentant de Catherine de Clèves, belle fille du comte de Portien, l'un des légataires, avait sur Charles-Louis-Antoine de Hennin d'Alsace, prince de Chimay.

Quand la révolution française éclata, la terre et pairie d'Avesnes était toujours dans la maison d'Orléans. Ce n'est pas que Louis-Philippe-Joseph, duc d'Orléans, qui l'avait recueillie à la mort de son père (1785), ne l'eût déjà exposée en vente (1787) (71), mais ses démarches n'avaient pas eu de succès. Cependant ce prince, poussé par des idées républicaines, pour la propagation desquelles, du reste, il prodigua sa fortune, se trouvait dans une grande gêne financière, qui augmentait de jour en jour. Il fallait nécessairement y parer d'une manière ou d'une autre. Ne trouvant pas à aliéner la terre d'Avesnes, il se décida à l'engager. Par acte du 11 mars 1789 (72), il créa et constitua sur cette terre, au profit de M. Christian van Orsay et fils, banquiers à Amsterdam, une rente annuelle et perpétuelle de 90,000 florins de Hollande, au capital de deux millions de florins valant, en monnaie de France, au cours de l'époque, 4,144,285 liv. 13 s. 4 den., avec le droit, dont ils usèrent, d'éclisser et de diviser ce capital en 2,000 actions de 1,000 florins chacune.

Il résulte de cet acte que les seigneuries, bois, moulins, usines, fermes, bâtiments, dîmes, terrages, rentes, droits seigneuriaux et autres composant la terre d'Avesnes, avaient, selon une estimation faite deux ans auparavant, une valeur foncière de 16,275,451 liv. 11 s. 6 d. et donnaient un revenu annuel de 387,649 liv. 12 s.; mais il est permis de regarder ces données comme exagérées, surtout que, d'après un prospectus dressé en 1787 (73) pour l'aliénation de tous les biens que le duc d'Orléans avait dans le Hainaut français, le produit annuel de cette terre n'y est porté qu'à la somme de 248,324 liv. 18 s. 7 d., divisé par nature comme il suit :

1° Bois	194,266 liv.	11 s.	3 d.
2° Domaines divers, usines, prairies, terres, etc.	37,535	»	»
3° Cens, rentes et redevances tant en argent qu'en nature . .	12,923	7	4
4° Droits seigneuriaux et casuels, de quints et requints, de morte-main, de déshérence, d'épaves, de bâtardise, etc.	3,600	»	»
Total égal	248,324 liv.	18 s.	7 d.

C'est le cas de faire connaître que les revenus de la pairie d'Avesnes, qui, en 1490, n'étaient que de 6,000 livres tournois, ainsi qu'on le voit dans des lettres datées de Moulins, le 2 janvier 1490 (v. style), par lesquelles Charles VIII, roi de France, accepta diverses propositions du sire d'Albret (74), s'élevaient en 1703, suivant un travail fourni à l'intendant du Hainaut, à 65,000 livres (75), et en 1726, selon les comptes de la seigneurie, à 90,943 livres (76).

Voici la liste des villages et hameaux de la terre d'Avesnes, avec l'indication des domaines, revenus et droits que le duc d'Orléans y possédait en 1787 (77). Les lieux où il avait la directe seigneurie sont désignés par un astérisque.

* Anor.	La haie d'Anor et des rentes.
* Avesnelles	Le terrage ou dîme, idem.
* Banlieue-Haute	La grande dîme id.
* Banlieue-Basse	La garde d'Avesnes, le terrage et des rentes.
* Barzies.	»
* Beugnies	La garde de Beugnies, le droit de charlets d'avoine et des rentes.
* Boulogne	*(Jadis le seigneur y avait un droit de vinage, à charge d'entretenir le pont.)*
* Cartignies	Les haies de Cartignies et Catelenne, un droit de charlets d'avoine et des rentes.
* Damousies	La ferme du lieu.
* Dimechaux	»
* Dimont.	Un moulin à eau, avec d'autres biens et des rentes.

Dompierre	Les gardes de Dompierre et Sassogne, la ferme de Sassogne et des rentes. *(Vers 1678, le prince de Chimay a éclissé et séparé le village de Dompierre de sa terre d'Avesnes, se réservant toutefois des héritages, rentes et terrages. Les droits de justice ont été conférés à MM. de Préseau en 1736 et 1751.)*
* Favril	Le terrage et des rentes.
* Fayt-Ville	Le terrage, divers héritages et des rentes.
* Fayt-Château	Un moulin à eau, beaucoup de pâtures, prés et terres, la grande dîme et des rentes. *(Le seigneur avait autrefois un droit de vinage au pont.)*
* Felleries	La garde de la Villette et des rentes.
Ferrière-la-Grande . . .	Une ferme, une portion de terrage et des rentes.
* Flaumont	Des rentes. *(Autrefois le seigneur avait aussi un droit de vinage au pont.)*
* Fourmies	Les bois dits : la haie de Fourmies et les 3 muids, un droit de chiennage d'une rasière d'avoine par ménage, et des rentes.
* Glageon (Avesnes.) . .	Un droit de terrage et des rentes.
Hautmont-Boussières . .	Des rentes seigneuriales.
* Limont et Fontaine. .	Idem.
* Mont-Fontenelle . . .	»
* Ohies	»
* Prisches et Lignières .	Le terrage et des rentes. *(En 1703, le seigneur y avait des biens-fonds et un moulin à vent.)*
* Ramousies	La garde de Belleux, une ferme et des rentes. *(Le seigneur avait autrefois un droit de vinage au pont.)*
* Sains.	La fagne de Sains, une prairie, le terrage et des rentes.
* St.-Hilaire	La garde de la Croisette, le moulin de Fusseau, le terrage et des rentes. *(Il y avait aussi autrefois un droit de vinage au pont.)*

* St.-Remy mal-Bâti . .	Des rentes seigneuriales.
* Sars-Poteries	La garde ou queue de Sars, le terrage et des rentes.
* Semeries	Des rentes seigneuriales. *(Le seigneur avait jadis un droit de vinage au pont.)*
* Vieux-Reng	»
* Waudrechies	Divers biens-fonds. *(Le seigneur avait anciennement un droit de vinage au pont.)*
* Wignehies	Droit de chiennage et des rentes.
* Willies	La garde de Willies et quelques autres biens.

Parmi les domaines utiles de la pairie, on doit mettre en première ligne les forêts, dont on évaluait le revenu annuel, en 1783, à l'énorme somme de 194,266 liv. 11 s. 3 d., et qui formaient ensemble une masse boisée de 12,336 arpents 78 perches, ainsi divisée : (78)

Haie d'Avesnes, dont :

Garde de Sassogne	451 a.	91 p.
— de Dompierre	888	47
— de la Croisette	789	11
— d'Avesnes	616	68
— de Beugnies	1,170	99
— de la Villette	947	16
— de Sars	770	18
— de Belleux	850	30
— de Willies	885	84
Total	7,370 a.	64 p.
Fagne de Sains	1,996	24
Haie d'Anor	934	81
— Catelenne	122	41
— de Fourmies	1,206	36 (79)
— de Cartignies	700	43 (80)
Les trois muids, à Fourmies	5	89
Total pareil	12,336 a.	78 p. (81)

Pour avoir, sur d'autres points, une idée exacte de l'importance de la pairie d'Avesnes, il faut savoir que ses mouvances et arrière-fiefs consistaient, en 1787 (82) :

1° En 14 grandes seigneuries, ayant toute justice et tous les droits honorifiques, avec des domaines considérables;

2° En 80 fiefs ayant noms;

3° En 353 autres fiefs, la plupart avec des droits de justice, de terrage, de dîmes; des cens et rentes, et contenant ensemble 731 rasières de bois, 1,663 rasières de pâtures, 334 rasières de prés et 3,487 rasières de terres labourables.

Le moyen employé en 1789 par le duc d'Orléans pour relever son crédit, n'avait fait que pallier faiblement le mal qui, bientôt, empira au point que, pour se soustraire aux actives poursuites de ses créanciers, il se vit forcé de conclure un concordat avec eux le 9 janvier 1792 (83). La vente des biens du prince ayant alors été résolue, la terre d'Avesnes fut adjugée le 17 juillet suivant au sieur Corsange (84), qui la revendit en détail, après que la convention nationale, par un décret du 1er mai 1793 (85), eut levé le séquestre qu'elle avait mis sur tous ces biens par un autre décret du 16 avril précédent (86).

C'est ainsi que les vastes domaines de la pairie d'Avesnes, qui, pendant des siècles, avaient constamment été réunis et formé corps, resserrés qu'ils étaient, à cause de leur nature noble, par les liens féodaux, passèrent tout-à-coup, divisés et morcelés comme des biens roturiers et de main-ferme, dans les mains d'une foule de spéculateurs dont les vues, entièrement opposées à celles des anciens propriétaires, ne tendaient qu'à en tirer immédiatement les plus larges bénéfices possibles. Les bois excitèrent surtout la cupidité de ces spéculateurs. Aussi ces forêts, si renommées pour l'ancienneté, la force et la beauté de leurs futaies, ne tardèrent pas à être livrées à la hache des défricheurs, et si la plupart échappèrent alors à une complète destruction, ce ne fut pas sans avoir été éclaircies et mutilées. Malheureusement, depuis, on n'a que trop continué ce système de dévastation, et il est fâcheux d'avoir à dire que l'on n'est peut-être pas éloigné du temps où beaucoup de terrains qui, il y a à peine 50 ans, étaient encore couverts des bois les plus beaux et les mieux fournis de la contrée, seront défrichés et se trouveront, en grande partie, métamorphosés en maigres pâturages et en champs stériles.

NOTES.

(1) Pour les points de la notice qui ne sont pas justifiés ou expliqués par des notes, on renvoie à celles de la *Chronologie historique des Seigneurs d'Avesnes*, dont cette notice est en quelque sorte l'introduction.

(2) La *Haie d'Avesnes* était une forêt qui s'étendait depuis la vallée de la Sambre, près de Sassogne, jusqu'à portée de Sivry (Belgique). Elle avait encore, en 1787, une contenance de 7,57. arpents, mesure de Paris.

(3) En effet, elle comprenait les domaines du Sart-de-Dourlers, de Beaufort, de Beaurieux, de Damousies, etc.

(4) *Eclaibes*, village et com. du canton de Maubeuge, à 9 kil. S. de cette ville, et à 10 kil. N. d'Avesnes. On y voit encore les ruines de l'ancien château seigneurial.

(5) Carpentier, *Hist. de Cambray*, 3e partie, p. 536.

(6) *Généalogie* MS. *de la maison d'Eclaibes*.

(7) Ibidem; — Vinchant, *Annales*..., p. 325.

(8) *Généalogie* précitée.

(9) Ibidem.

(10) Ibid., et *Archives* de la pairie d'Avesnes.

(11) *Prospectus* des biens des terres d'Avesnes, d'Eclaibes, etc. — 1787.

(12) Ces 4 villages font partie du canton d'Avesnes Nord, et se trouvent entre Maubeuge et Avesnes.

(13) Jean, fils de la comtesse Marguerite de Constantinople, tenait Dourlers et Etrœungt en fief du seigneur d'Avesnes en 1254. (*Archives* de la pairie d'Avesnes).

(14) Ce partage, ratifié en 1273, se trouve mentionné dans l'*Ann.* du département du Nord, ann. 1835.

(15) *Archives* de la seigneurie d'Hugemont; — *Actes* du tabellion d'Avesnes; — *Registres* de l'état civil de Dourlers.

(16) *Généalogie* de la famille de Bady, 1845.

(17) Ibidem.

(18) Ibid.

(19) *Testam.* de Bertrand Bady, comte de Normont.

(20) Beaurepaire est un village du canton d'Avesnes-Sud, à 11 kil. S.-O. de cette ville. — Voir une notice insérée dans l'*Observateur* d'Avesnes, il y a quelques années.

(21) Beaurieux, petit village du canton de Solre-le-Château, à 1 kil. E. de ce chef-lieu, et à 15 kil. N.-E. d'Avesnes.

(22) *Archives* de la pairie d'Avesnes.

(23) *Recueil généalog. de familles des Pays-Bas*, 1775, p. 222

(24) Tombeau dans une chapelle adossée à l'église du lieu, e *Archives* de la pairie.

(25) *Archives* précitées.

(26) Ce qu'accuse une inscription placée au-dessus de la porte d'entrée du château.

(27) St.-Génois, *Monum. anciens*.

(28) Landrecies, petite ville forte sur la Sambre, chef lieu de canton, à 17 kil. O. d'Avesnes.

(29) Voir ci-après.

(30) D'Outreman, *Hist. de Valentiennes*, p. 350.

(31) St.-Génois, *Monum.*, t. 1er, p. 540.

(32) Philippe-le-Bon, duc de Bourgogne, fils du duc Jean-sans-Peur, avait encore la terre d'Eunœungt en 1428 ; il en fit alors le relief du seigneur d'Avesnes (*Archives de la pairie*) ; mais en 1473, elle était possédée par Philippe 1er de Croy (St.-Génois, *Monum. anc.*, t. 1er, p 1re).

(33) Ce fut sous Charles de Croy, 1er prince de Chimay, époux de Louise d'Albret, dame d'Avesnes, etc.

(34) Chap. 101, art. 2.

(35) « En Hainaut, la réunion du fief servant au fief dominant » cesse, si l'un est échu par succession du côté paternel et l'autre » du côté maternel. » (Dumées, *Hist. du droit français*, p. 108).

(36) On ignore quels sont la date et le titre de l'érection de cette baronnie.

(37) Ce village fait partie du canton de Trélon. Il est à 8 kil. de ce chef-lieu et à 7 kil. S.-E. d'Avesnes.

(38) St.-Génois, *Monum.*, t. 1er, p. 2 : — *Reg.* de l'état civil d'Avesnes et de Rainsart ; — *Archives* des familles de Préseau et de Bady.

(39) Trélon, chef-lieu de canton, à 14 kil. E. d'Avesnes.

(40) Vinchant, *Annales...*, p. 354 ; — André Duchesne ; — De Courcelles.

(41) St.-Génois, *Monum.*, t. 1er, p. 4.

(42) *Nobil. des Pays-Bas*, t. 1er, p. 218.

(43) Floyon, fort village du canton d'Avesnes-Sud, à 10 kil. S. de ce chef-lieu.

(44) St.-Génois, *Monum.*, t. 1er, p. 247.

(45) *Archives* d'Hugemont.

(46) Ibidem.

(47) Ibid.

(48) Hugemont, hameau de Dompierre, à 7 kil. O. d'Avesnes. Il y existe un château bâti seulement dans le 17e siècle.

(49) Voir une notice publiée sur *Hugemont* dans l'*Observateur* d'Avesnes, 1845.

(50) St.-Génois, *Monum. anc.*, t. 1er, p. 1re et suiv.

(51) Vinchant, *Annales...*, p. 9.

(52) St.-Génois, *Monum. anc.*, t. 1er, p. 1re.

(53) M. Lebeau, *Précis de l'hist. d'Avesnes*, p. 7.

(54) Le décanat ou doyenné d'Avesnes comprenait, en 1186, 58 cures ou paroisses, dont les noms sont donnés par J. de Guyse. (*Annales*, liv. XVIII, ch. 24).

(55) *Mém. de M. du Bellay*, liv. x.

(56) La plupart des détails donnés sur Avesnes sont tirés de l'histoire de cette ville par M. Lebeau.

(57) On a puisé ces renseignements à différentes sources, mais principalement dans une *Notice* MS. sur Landrecies, écrite dans le XVIIIe siècle.

(58) *Mém. de M. du Bellay*, liv. x.

(59) *Notice* MS. sur Landrecies.

(60) M. Lebeau, *Précis de l'hist. d'Avesnes*, où cet acte est textuellement reproduit.

(61) Etaient baillis de la terre d'Avesnes: en 1299, Pierre Lebrun; en 1337, Pierre Septenay; en 1527, le bâtard de Floyon; en 1563, Antoine Duquesnoy; en 1599, de la Biche, seigneur de Cerfontaine. Comme grand-bailli, Augustin Bellabocca exerçait en 1604 et 1624; Jean de Foulon en 1636, 1645 et 1648; Gerard Coels en 1654; M. Frozay en 1665. J. B. de Préseau tint la charge de 1665 à 1695; il la vendit alors à François de Vincent, seigneur de Paresdon. Après celui-ci, Martin Guislain l'occupa, et en 1710 elle passa aux Bady de Dourlers, qui la conservèrent jusqu'en 1788. (*Archives de la pairie d'Avesnes.*)

(62) *Mém.* MS. de Dumées et Faussabry.

(63) On croit que le bailli supérieur prenait, du moins en temps de guerre, le titre de *gouverneur*, sans cependant que l'on sache rien de positif à cet égard. Il est question, dans un titre de 1493, *du gouverneur et autres officiers de la terre d'Avesnes*, mais sans autre explication. Ce que l'on sait mieux, c'est que Adrien de Blois, depuis 1544 jusqu'à la cession de la ville en 1556, a pris tantôt le titre de *gouverneur d'Avesnes*, tantôt celui de *bailli d'Avesnes*, et parfois les deux titres réunis. (*Livre rouge de la mairie d'Avesnes*, t. 1er.)

(64) M. Lebeau, *Histoire d'Avesnes*, p. 58 et 128.

(65) Cette charge fut occupée par Hermand de Glimes, de 1450 à 1460; par Jean, bâtard de Floyon, de 1485 à 1510; par Jean de Floyon, de 1510 à 1522; par Adrien de Blois, de 1522 à 1562; par Antoine Du Quesnoy, de 1563 à 1583. Alors elle fut supprimée et les fonctions y attachées furent confiées à un simple commis ou receveur. (*Archives de la pairie.*)

(66) Il y eut longtemps un prévôt particulier; mais, à partir de la fin du 17e siècle, cette charge paraît avoir été réunie à celle de grand-bailli.

(67) Voici la liste des gouverneurs d'Avesnes:

1° Sous les rois d'Espagne: — Fery Ier de Carondelet, seigneur de Potelle, 1556-1565; Jean d'Yve, seigneur de Warelles, 1565-1581; Jacques d'Anneux, seigneur d'Abancourt, 1581-1588; Jean d'Anneux, seigneur d'Abancourt, 1588-1629; Philippe d'Anneux, seigneur du Grand-Wargnies, 1630-1634; le baron de Wanghe, 1655-1660;

2° Sous les rois de France: — Charles, comte de Broglie, 1660-1702; Victor-Maurice de Broglie, vicomte de Séonche, 1702 1727; le chevalier puis comte de Broglie, 1727-1750; le marquis d'Argouges, 1750-1770; le comte de Vercel, 1770-1789.

(68) Edit du mois de nov. 1661.

(69) M. Lebeau, *Hist. d'Avesnes*, p. 167. — *Calendr. de Flandre, Hainaut*, etc.

(70) Cet arrêt important, imprimé en 1706, ne comprend pas moins de 22 pages in-folio.

(71) Ce qui résulte d'un prospectus imprimé chez J.-B. Henry, à Valenciennes, en 1787, et comprenant 32 pages in-8°, outre un tableau détaillé en plusieurs feuilles.

(72) Cet acte est reproduit en entier dans un exploit imprimé (8 pages in-4°) de l'huissier Meunier, d'Avesnes, en date du 1er juillet 1793.

(73) Ce prospectus fait le sujet de la note 71 ci-avant.

(74) Lobineau, *Hist. de Brétagne*.

(75) *Mém.* dressé par M. Diesme, subdélégué à Avesnes.

(76) *Archives* de la pairie.

(77) Voir le prospectus précité.

(78) *Prospectus* sus rappelé.

(79) On ne compte que la moitié de cette forêt, qui était possédée indivisément par le duc d'Orléans et par l'abbaye de Liessies.

(80) Même observation.

(81) L'arpent, mesure de Paris, contenait 100 perches ou un peu moins de deux rasières; la rasière équivalait à 53 perches 2/3 (*Prospectus* déjà cité.)

(82) Même *Prospectus*.

(83) V. le décret du 1er mai 1793.

(84) L'acte du 17 juillet 1792 n'a été transcrit au greffe du district d'Avesnes que le 25 mars 1793.

(85) Bull. des lois.

(86) Ibid.

MICHAUX aîné.

SUCCESSION GÉNÉALOGIQUE

DES SEIGNEURS D'AVESNES.

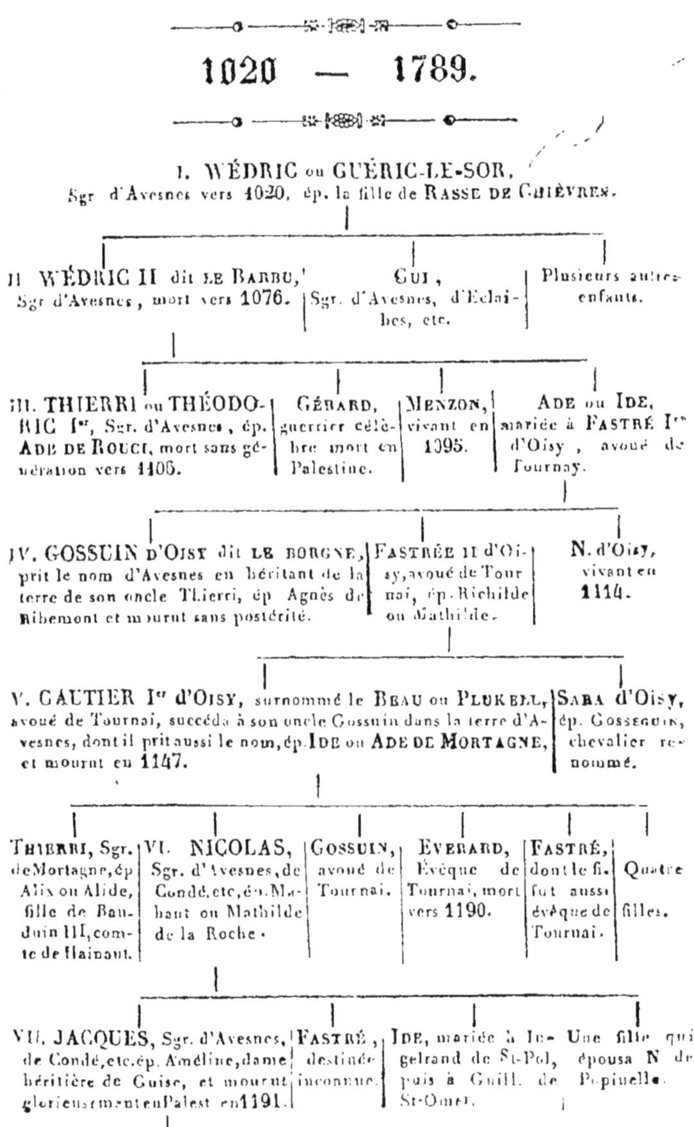

1020 — 1789.

I. WÉDRIC ou GUÉRIC-LE-SOR, Sgr d'Avesnes vers 1020, ép. la fille de RASSE DE CHIÈVRES.

II. WÉDRIC II dit LE BARBU, Sgr d'Avesnes, mort vers 1076. | GUI, Sgr. d'Avesnes, d'Eclaibes, etc. | Plusieurs autres enfants.

III. THIERRI ou THÉODORIC Ier, Sgr. d'Avesnes, ép. ADE DE ROUCI, mort sans génération vers 1106. | GÉRARD, guerrier célèbre mort en Palestine. | MENZON, vivant en 1095. | ADE ou IDE, mariée à FASTRÉ Ier d'Oisy, avoué de Tournay.

IV. GOSSUIN D'OISY dit LE BORGNE, prit le nom d'Avesnes en héritant de la terre de son oncle Thierri, ép Agnès de Ribemont et mourut sans postérité. | FASTRÉE II d'Oisy, avoué de Tournai, ép. Richilde ou Mathilde. | N. d'Oisy, vivant en 1114.

V. GAUTIER Ier d'OISY, surnommé le BEAU ou PLUKELL, avoué de Tournai, succéda à son oncle Gossuin dans la terre d'Avesnes, dont il prit aussi le nom, ép. IDE ou ADE DE MORTAGNE, et mourut en 1147. | SARA d'Oisy, ép. GOSSEGUIN, chevalier renommé.

THIERRI, Sgr. de Mortagne, ép Alix ou Alide, fille de Bauduin III, comte de Hainaut. | VI. NICOLAS, Sgr. d'Avesnes, de Condé, etc, ép. Mahaut ou Mathilde de la Roche. | GOSSUIN, avoué de Tournai. | EVERARD, Évêque de Tournai, mort vers 1190. | FASTRÉ, dont le fi. fut aussi évêque de Tournai. | Quatre filles.

VII. JACQUES, Sgr. d'Avesnes, de Condé, etc. ép. Améline, dame héritière de Guise, et mourut glorieusement en Palest en 1191. | FASTRÉ, destinée inconnue. | IDE, mariée à Ingelrand de St-Pol, puis à Guill. de St-Omer. | Une fille qui épousa N de Popinelle.

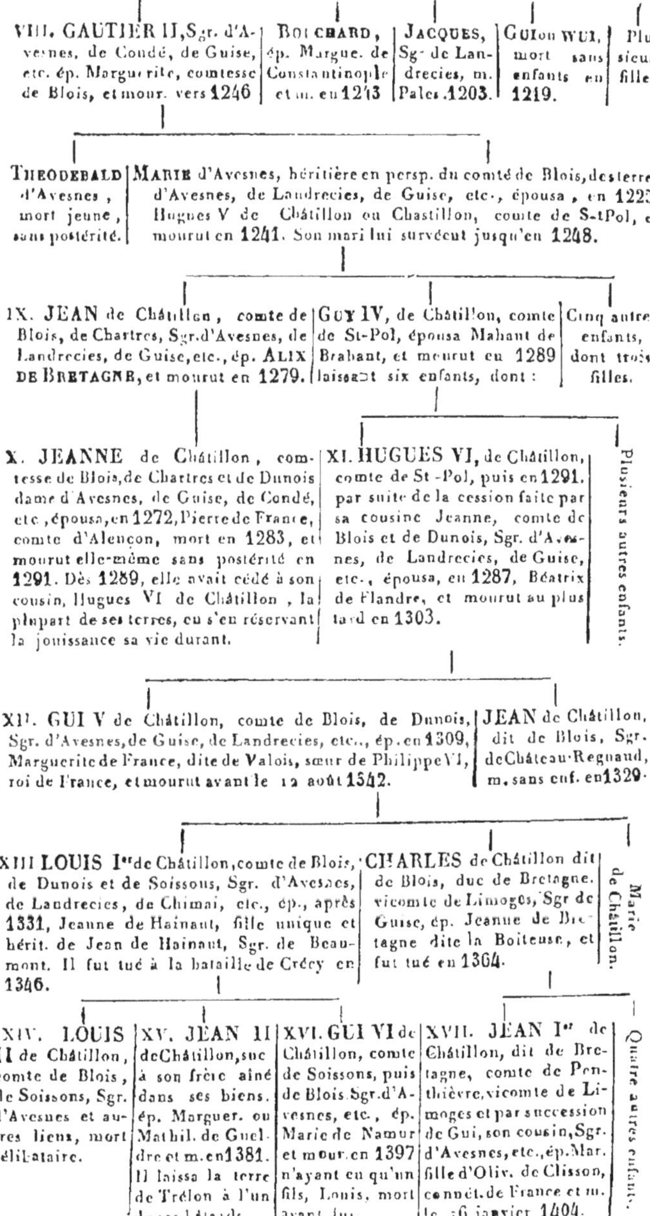

VIII. GAUTIER II, Sgr. d'Avesnes, de Condé, de Guise, etc. ép. Marguerite, comtesse de Blois, et mour. vers 1246

BOUCHARD, ép. Margue. de Constantinople et m. en 1243

JACQUES, Sg. de Landrecies, m. Pales. 1203.

GUI ou WUI, mort sans enfants en 1219.

Plusieurs filles.

THEODEBALD d'Avesnes, mort jeune, sans postérité.

MARIE d'Avesnes, héritière en persp. du comté de Blois, des terres d'Avesnes, de Landrecies, de Guise, etc., épousa, en 1225, Hugues V de Châtillon ou Chastillon, comte de S-t Pol, et mourut en 1241. Son mari lui survécut jusqu'en 1248.

IX. JEAN de Châtillon, comte de Blois, de Chartres, Sgr. d'Avesnes, de Landrecies, de Guise, etc., ép. ALIX DE BRETAGNE, et mourut en 1279.

GUY IV, de Châtillon, comte de St-Pol, épousa Mahaut de Brabant, et mourut en 1289 laissant six enfants, dont :

Cinq autres enfants, dont trois filles.

X. JEANNE de Châtillon, comtesse de Blois, de Chartres et de Dunois dame d'Avesnes, de Guise, de Condé, etc., épousa, en 1272, Pierre de France, comte d'Alençon, mort en 1283, et mourut elle-même sans postérité en 1291. Dès 1289, elle avait cédé à son cousin, Hugues VI de Châtillon, la plupart de ses terres, en s'en réservant la jouissance sa vie durant.

XI. HUGUES VI, de Châtillon, comte de St-Pol, puis en 1291, par suite de la cession faite par sa cousine Jeanne, comte de Blois et de Dunois, Sgr. d'Avesnes, de Landrecies, de Guise, etc., épousa, en 1287, Béatrix de Flandre, et mourut au plus tard en 1303.

Plusieurs autres enfants.

XII. GUI V de Châtillon, comte de Blois, de Dunois, Sgr. d'Avesnes, de Guise, de Landrecies, etc., ép. en 1309, Marguerite de France, dite de Valois, sœur de Philippe VI, roi de France, et mourut avant le 12 août 1342.

JEAN de Châtillon, dit de Blois, Sgr. de Château-Regnaud, m. sans enf. en 1329.

XIII LOUIS Ier de Châtillon, comte de Blois, de Dunois et de Soissons, Sgr. d'Avesnes, de Landrecies, de Chimai, etc., ép., après 1331, Jeanne de Hainaut, fille unique et hérit. de Jean de Hainaut, Sgr. de Beaumont. Il fut tué à la bataille de Crécy en 1346.

CHARLES de Châtillon dit de Blois, duc de Bretagne, vicomte de Limoges, Sgr de Guise, ép. Jeanne de Bretagne dite la Boiteuse, et fut tué en 1364.

Marie de Châtillon.

XIV. LOUIS II de Châtillon, comte de Blois, de Soissons, Sgr. d'Avesnes et autres lieux, mort célibataire.

XV. JEAN II de Châtillon, suc à son frère aîné dans ses biens. ép. Marguer. ou Mathil. de Gueldre et m. en 1381. Il laissa la terre de Trélon à l'un de ses bâtards.

XVI. GUI VI de Châtillon, comte de Soissons, puis de Blois Sgr. d'Avesnes, etc., ép. Marie de Namur et mour. en 1397 n'ayant eu qu'un fils, Louis, mort avant lui.

XVII. JEAN Ier de Châtillon, dit de Bretagne, comte de Penthièvre, vicomte de Limoges et par succession de Gui, son cousin, Sgr. d'Avesnes, etc., ép. Mar. fille d'Oliv. de Clisson, connét. de France et m. le 16 janvier 1404.

Quatre autres enfants.

XVIII. OLIVIER de Bretagne dit de Blois, comte de Penthièvre, Sgr. d'Avesnes, etc., ép. 1° Isabelle de Bourgogne, et 2° Jeanne de Lalaing, et m. à Avesnes en 1433.

XX. JEAN IV de Bretagne succéda à son neveu dans le comté de Penthièvre et les Sgries. d'Avesnes, de Landrecies, etc., ép. Marg. de Chauvigny, et m. sans enfant en 1454.

CHARLES II de Bretagne, baron d'Avaugour.

XXI. GUILLAUME, vicomte de Limoges, Sgr. d'Avesnes, etc., après la mort de son frère Jean, ép. Isabelle de la Tour, et mourut en 1455.

JEANNE de Bretagne, mariée deux fois.

XIX. N. de Bretagne, vic. de Limoges, Sgr. d'Avesnes, survécut à son père, mais n'atteignit pas sa majorité.

N., morte jeune.

XXII. FRANÇOISE de Bretagne, comtesse de Périgord, vicomtesse de Limoges, dame d'Avesnes, etc., épousa, en 1470, ALAIN d'ALBRET dit le Grand, et mourut vers 1481.

JEANNE de Bretagne.

CHARLOTTE de Bretagne.

JEAN d'Albret, roi de Navarre.

AMANIOU, cardinal, évêque de Pamiers, mort en 1520.

PIERRE comte de Périgord mort célibataire.

XXIII. GABRIEL, Sgr. d'Avesnes, et de l'Esparre, vice-roi de Navarre.

XXIV. LOUISE, vicomtesse de Limoges, dame d'Avesnes etc., épousa, en 1495, Charles Ier de Croy, prince de Chimay, mort en 1527. Elle mourut en 1535.

3 autres filles.

---

4 fils morts du vivant de leur père.

FRANÇOISE de Croy, religieuse.

XXV. ANNE Ire de Croy, princesse de Chimay, dame d'Avesnes, ép., en 1520, Philippe Ier de Croy, 1er duc d'Arschot, gouv. et gr.-bailli de Hainaut, m. en 1549. Elle était m. en 1539.

Deux autres filles.

XXVI. CHARLES II de Croy, duc d'Arschot, prince de Chimay, Sgr. d'Avesnes, marié, 1° à Louise de Lorraine, et 2° à Antoinette de Bourgogne, mort sans postérité, en 1551.

XXVII. PHILIPPE II, sire de Croy, duc d'Arschot, prince de Chimay, Sgr. d'Avesnes, gouv.-génér. de Flandre, ép., en 1559, J.-H. de Hallnin, et, en 1582, J. de Blois-Trélon, et mourut à Venise le 11 déc. 1595. Il n'eut pas d'enfant du 2e lit.

GUILLAUME de Croy, marquis de Renty, Sgr. de Chièvres, mort en 1565.

LOUISE de Croy, mariée à Max. et à Jean de Bourgogne.

2 fils m. en bas-âge.

XXVIII. CHARLES III, duc de Croy et d'Arschot, prince de Chimay, Sgr. d'Avesnes, etc., gouv., cap.-général et gr.-bailli du Hainaut, ép. 1° Marie, dame de Brimeu; 2° Dorothée de Croy, et mourut sans enf. en 1612. Ses terres d'Avesnes et de Chimay échurent à son neveu Alexandre de Ligne, prince d'Arenberg, et ses autres biens passèrent à sa sœur Anne.

ANNE II de Croy, duchesse d'Arschot et de Croy après la mort de son frère, mourut en 1635. Elle avait épousé, en 1587, Charles de Ligne, prince souverain d'Arenberg, gouvern. des Pays-Bas, m. en 1616.

MARGUERITE de Croy, ép. Pierre de Hennin, comte de Boussu, puis le comte de Furstemberg.

XXIX. **Alexandre**, prince d'Arenberg, duc de Croy, prince de Chimay, Sgr. d'Avesnes et autres lieux, tué à la surprise de Wesel en 1629. Il avait épousé en 1613 Madeleine d'Egmont.

Dix autres enfants.

XXX. **Albert**, prince d'Arenberg, duc de Croy, prince de Chimay, Sgr. d'Avesnes, m. sans enf. en 1648. Il avait ép. sa cousine, Claire-Eugénie d'Arenberg.

XXXI. **Philippe**, prince d'Arenberg, gouvern. de Hainaut, hérita de tous les biens de son frère et mourut en 1675. Th.-M. de Gavre, sa femme, lui survécut.

Isabelle d'Arenberg, morte en 1660.

Anne-Cather^e^. ou **Charlotte** d'Arenberg, mariée avec Eug. de Hennin-Liétard, comte de Boussu, et morte en 1656.

XXXII. **Ernest-Alex^e^.-Dominique**, prince d'Arenberg et de Chimay, comte de Beaumont, Sgr. d'Avesnes et autres lieux, vice-roi de Navarre, ép. Marie de Cardenas et m. sans génér. en 1686. Il eut pour héritier son cousin Ph.-Louis-Ant. de Hennin-Liétard, comte de Boussu.

Alexandre comte de Beaumont, mourut jeune.

XXXIII. **Philippe-Louis-Antoine** de Hennin-Liétard dit d'Alsace, comte de Boussu, hérit. des biens de son cousin Ern.-Al.-Domin. d'Arenberg, m. en 1688. Il av. ép. en 1673, Anne-Louise Verreycken.

XXXIV. **Charles-Louis-Antoine** de Hennin d'Alsace, comte de Boussu, prince de Chimay, Sgr. d'Avesnes, etc., ép. 1° Diane-Gabrielle-Vict.-Mancini, et 2° Charlotte de Rouvroy, et mourut en 1740. Les terres d'Avesnes, de Chimay et plusieurs autres, furent adjugées pour dettes, par arrêt du parlem. de Paris du 31 juillet 1706, au duc d'Orléans, Philippe II, 1er et principal créancier.

Thomas-Philippe, dit le cardinal d'Alsace, archevêque de Malines, mort en 1759.

Alexandre-Gabriel-Joseph d'Alsace, prince de Chimay après la mort de son frère aîné. Il mourut en 1745.

XXXV. **Philippe II**, petit-fils de France, duc d'Orléans, Sgr. d'Avesnes dès 1706, régent du royaume, ép. en 1692 Françoise-Marie de Bourbon, et mourut en 1723.

XXXVI. **Louis**, premier prince du sang, duc d'Orléans, Sgr. d'Avesnes, etc., né en 1703, ép. en 1724 Auguste-Marie-Jeanne, princesse de Bade, et mourut en 1752.

7 autres enf.

XXXVII. **Louis-Philippe Ier**, duc d'Orléans, Sgr. d'Avesnes, né en 1725 et mort en 1785. Il avait ép. en 1743 Louise-Henriette de Bourbon.

Louise-Madel. d'Orléans.

XXXVIII. **Louis-Philippe-Jos.**, duc d'Orléans, connu sous le nom d'*Égalité* pendant la révolution, naquit en 1747. Il fut décapité à Paris le 6 novembre 1793. Il avait épousé, en 1769, Louise-Marie-Adélaïde de Bourbon-Penthièvre, dont il eut 4 enfants, entr'autres Louis-Philippe, ex-roi des Français. Chargé de dettes, il vendit, en 1792, de concert avec ses créanciers, la terre et pairie d'Avesnes, et les autres biens qu'il avait dans le Hainaut. Tous ces biens furent divisés et passèrent entre les mains d'une foule d'acquéreurs.

Louise-Marie-Thérèse d'Orléans.

www.ingramcontent.com/pod-product-compliance
Ingram Content Group UK Ltd.
Pitfield, Milton Keynes, MK11 3LW, UK
UKHW012127240726
13965UKWH00005B/2020

9 782013 039093